纸质档案数字化的流程与方法

国家档案局组织编写

中国文史出版社

图书在版编目（CIP）数据

纸质档案数字化的流程与方法 / 国家档案局组织编写. -- 北京 : 中国文史出版社, 2022.5 (2022.6重印)

ISBN 978-7-5205-0323-5

Ⅰ. ①纸… Ⅱ. ①国… Ⅲ. ①档案工作—数字化—研究—中国 Ⅳ. ①G270.7

中国版本图书馆CIP数据核字(2022)第094787号

责任编辑： 詹红旗　戴小璇

出版发行：**中国文史出版社**
社　　址：北京市海淀区西八里庄路 69 号　　邮编：100412
电　　话：010-81136630
传　　真：010-81136666
印　　装：廊坊市海涛印刷有限公司
经　　销：全国新华书店
开　　本：710 毫米×1000 毫米　1/16
印　　张：6
字　　数：60 千字
版　　次：2018 年 6 月北京第 1 版
印　　次：2024 年 1 月第 5 次印刷
定　　价：32.00 元

《档案人员培训多媒体教材》编审委员会

主　任：李明华

副主任：胡旺林　王绍忠　付　华　刘鲤生

主　编：杜　梅

编审委员会办公室：

杜　梅　刘剑波　刘振华　梁　琨

《纸质档案数字化的流程与方法》编写委员会

主　编：孙兆伟

副主编：张大伟

编　委：范　韫　蒋红莉　张　莉　王　玮

出版说明

加强档案人员培训是提高档案工作水平的基础。为进一步规范档案人员培训工作，提高档案人员培训质量，国家档案局组织编写制作了《档案人员培训多媒体教材》(以下简称《教材》)。

《教材》以党和国家有关档案工作的政策、法律法规、规定以及档案工作的有关标准、规范为依据，将档案管理工作中的基本原则和技术要求有机结合，充分体现科学严谨、指导规范、立足实际、面向一线。《教材》按照有关档案工作任务的步骤和流程，详细介绍并演示每个工作环节的规范与要求等，指导学习者准确掌握该项工作的基本技能。

《教材》采用多媒体教学演示光盘和纸质载体教材相结合的形式，二者各自独立又互为补充。《教材》以多媒体教学演示光盘为主，重点对实际操作内容进行形象、生动、规范、准确的演示，逐项演示需完成工作任务的具体操作方法、操作要领、操作程序及注意事项等，使学习者直观了解“做什么”“怎么做”“做到什么程度”的问题。纸质载体教材作为演示光盘的辅助形式，进一步说明“为什么这么做”等问题。

《教材》是由国家档案局组织编写的。每个科目采用主编负责制，由制作单位完成编写拍摄，国家档案局《教材》编审委员会对各科教材进行终审。

本教材的使用对象主要是有关档案人员，在编写工作中注重规范性、操作性、实用性，坚持以实际工作需求为导向，以规范和提高岗位技能为重点，使教材易教易学，既规范准确，又通俗易懂。

由于多媒体教材的编写制作时间仓促，教材中难免会有疏漏和不完善之处，敬请各使用单位或个人将使用中发现的问题或建议及时反馈给我们（电话：010—55605241），以便我们修订完善。

国家档案局《教材》编审委员会办公室

2018 年 6 月

目　　录

第一章　纸质档案数字化概述

第一节　概念及意义

一、相关概念

数字化是指利用计算机技术将模拟信号转换为数字信号的处理过程。纸质档案数字化是指采用扫描仪等设备对纸质档案进行数字化加工，使其转化为存储在磁带、磁盘、光盘等载体上的数字图像，并按照纸质档案的内在联系，建立起目录数据与数字图像关联关系的处理过程。

纸质档案数字化加工方式一般有两种：第一种是将纸质档案文件的每一页看成是一张图片，由扫描仪或数码翻拍仪等设备按页扫入或摄入计算机系统制成数字图像文件；第二种是通过计算机人工录入或通过扫描仪扫描由字符识别软件（OCR）识别，制成文本文件。纸质档案信息的记录方式是多种多样的，有的字体是手写体，有的字体是繁体字，有的字迹退化，还有图表、图像等形式，此时采用第二种方式进行数字化加工就会暴露出如下弱点：采用人工录入，需要大量的录入人员，投入大，收效慢。用OCR字符识别年代较久远的档案、手写体的准确率低。而采用第一种方式进行数字化加工制作容易，工作人员只要稍加培训，即可操作设备，差错率相对较低，即便发现错扫、漏扫等现象，也能很快被纠正。另外，因为数字图像保持了档案原貌，可以使利用者在看到文字内容的同时，也能看到纸质档案的其他一些特征，如原件的墨迹、印章、圈点、批注等各种印记，使利用者可以获得更多的线索，开展一些更深入的研究。纸质档案数字化通常的做法是：档案目录采用电子计算机人工录入数据库；档案文件的内容采用扫描或拍摄制作成数字图像；视需要将数字图像经OCR识别转换为双层PDF，上层为图像，下层为文本，为后续信息化利用、数据化共享、全文检索和智能挖掘等技术的实施奠定基础。

纸质档案数字化过程中还将出现如下概念：

1. 数字图像

表示实物图像的整数阵列。一个二维或更高维的采样并量化的函数，由相同维数的连续图像产生。

2. 交接核查

对交接档案的完整性进行检查，记录并反馈缺页、重页、破损，以及案卷（文件）目录、备考表、封面上的错误等现象。

3. 档案修整

根据检查及反馈的情况对档案实体错误进行纠正处理，包括重编页码、补编页码、纠正案卷（文件）目录、备考表等。

4. 数据导入

将案卷目录、文件目录及数字图像等正确导入到档案管理系统，确保条目（目录）与图像（全文）完全对应。

二、意义

目前大部分档案保管机构库藏档案载体仍然是以纸质为主，传统载体的档案占用的存储空间大，保管成本高，使用过程中易磨损，并且检索效率低，难以满足人们日渐增强的对信息资源的需求。纸质档案数字化的目的是为了更好地保护档案原件，提高档案服务效率，方便利用者使用档案。与传统的档案服务模式相比，在档案检索、提供利用、保护原件方面，数字化档案都有着得天独厚的条件。具体来讲，纸质档案数字化有如下好处：

1. 有利于档案信息的传输，实现档案信息共享

数字化档案信息可以通过网络等现代技术实现异地的远程利用，为需求者提供方便快捷的档案信息服务。档案数字化能改善档案信息的传输方式，使档案的利用不再受“孤本”的限制，一份文件可以同时提供给所有需要它的人共

享。档案信息的利用时效性和档案内在价值可以得到充分的释放和体现，可以实现档案工作价值的增值。

2. 有利于保护档案原件

档案的唯一性、原始性和凭证性决定了档案是真实记录历史的重要载体，因此保护原始档案安全和可用性是档案工作的重要内容之一，档案数字化之后，档案利用方式从利用原件变成主要使用档案数字副本，档案原件从而得到了更加充分和有效的保护。档案数字副本可以异地保存，这样可使这些档案在遇到突发性灾害时避免遭到毁灭性破坏。

3. 有利于档案利用者方便快捷地查阅档案

档案工作的最终目的除保存历史记录以外主要是为了利用。这是档案工作生存发展的基础。传统档案利用工作是档案工作者根据利用需求，结合档案整理的相关规则和检索方法，以及档案排架规则调出原始档案提供利用，数字化后档案信息的利用工作转变成由授权档案利用者，根据自身的调档需求，组建检索关键词在网络上查阅档案信息，减轻了档案工作者的劳动强度，方便了档案利用者的查阅，提高了利用工作的效率。

4. 有利于档案信息资源的开发利用

利用档案数字化信息可以高效开展档案信息资源的开发利用工作。通过网络终端随时查阅、整合、编辑丰富的档案信息可以大大提高档案信息利用效率。数字化信息，不仅为档案管理人员开展编研工作提供了方便，还为档案利用者提供了根据业务和专业需要开发利用档案信息的途径。

5. 有利于电子政务和无纸化办公

随着国家电子政务的不断发展和推广，无纸化办公正被普遍应用，根据国家对档案信息化建设的进一步规范，在相关法律允许的范围内，纸制档案的数字副本可替代原件直接用于电子政务，与电子档案共同组成数字档案信息库，为电子政务和无纸化办公创造条件。

第二节　基本要求

一、基本原则

纸质档案数字化目的是使档案信息资源准确、方便、快捷地提供利用，使可以公开的档案信息资源得到共享，以满足社会对档案利用的需求。为此应坚持以下基本原则：一是应根据档案的珍贵程度、开放程度、利用率、亟待抢救程度、数字化资金情况等因素统筹规划、科学开展纸质档案数字化工作。纸质档案数字化工作的开展应遵循 ISO/TR 13028 和 GB/T 20530 提出的要求和建议。二是应采取有效的管理和技术手段，确保纸质档案数字化成果质量。纸质档案数字化应遵循档案管理的客观规律，真实反映档案内容，最大程度地展现档案原貌。三是纸质档案数字化过程中，应保存数字化项目信息、技术环境信息和数字化各类技术参数。四是应加强数字化各环节的安全管理，确保档案实体和档案信息的安全。五是加工涉密档案时，应按照涉密档案相关保密要求开展工作。

二、对象确定

纸质档案数字化对象的确定原则是应当对所要进行数字化的对象按照一定的原则和方法进行确认，只有符合一定要求的纸质档案文献才能进行数字化。

其中“一定的原则”是指：

1. 符合国家法律法规的原则：纸质档案的数字化，必须符合国家档案开放、知识产权保护以及信息安全保密等相关规定。

2. 价值性原则：属于归档范围且应永久或长期保存的、社会利用价值高的档案可列入数字化加工的范围。

各档案保管机构库藏纸质档案数量浩繁，而资金和人力资源相对有限，将库藏档案全部进行数字化加工，既不现实，也不必要。无论从社会需求还是数字化成本考虑，都应该有选择的实施档案数字化。因此，各档案保管机构应该从实际出发，在符合国家档案开放、知识产权保护以及信息安全保密等相关规定的前提下，采取优先选择原则进行档案数字化。

一是库藏珍贵档案应优先数字化。各级档案保管机构都有其最为珍贵的“镇库之宝”，从保护人类历史遗产和抢救的角度出发，这些库藏珍贵档案应该成为数字化的首选对象。

二是濒危、经过鉴定确认具有重要保存和使用价值的档案应优先数字化。此举有利于加快抢救与妥善保存有价值的濒危档案信息。

三是具有特色的档案应优先数字化。选择本馆独有、特有的资源进行档案数字化，可以突出自己的特色，实现优势互补和共享。

四是利用率高、需求大、开放的档案应优先数字化。这样不仅可以更加便捷地为利用者提供档案，充分发挥库藏档案的社会效益和经济效益，而且有利于对档案原件的保护。

五是将编研资料数字化，这些编研资料（特别是一些史料汇编）的出版量一般比较小，而且也引用了许多档案原文，对于利用者进一步了解库藏资源状况、满足利用需求很有帮助。

依据上述原则对纸质档案进行数字化加工，应避免与实体档案管理体系完全分割，一般来讲，在遵循上述原则的基础上，整全宗或整类别地数字化利大于弊。

三、基本环节

纸质档案数字化工作包括数字化前处理、数据采集、数据处理、数据存储和数字化后处理五个基本环节。

数字化加工的流程见图 1-1。

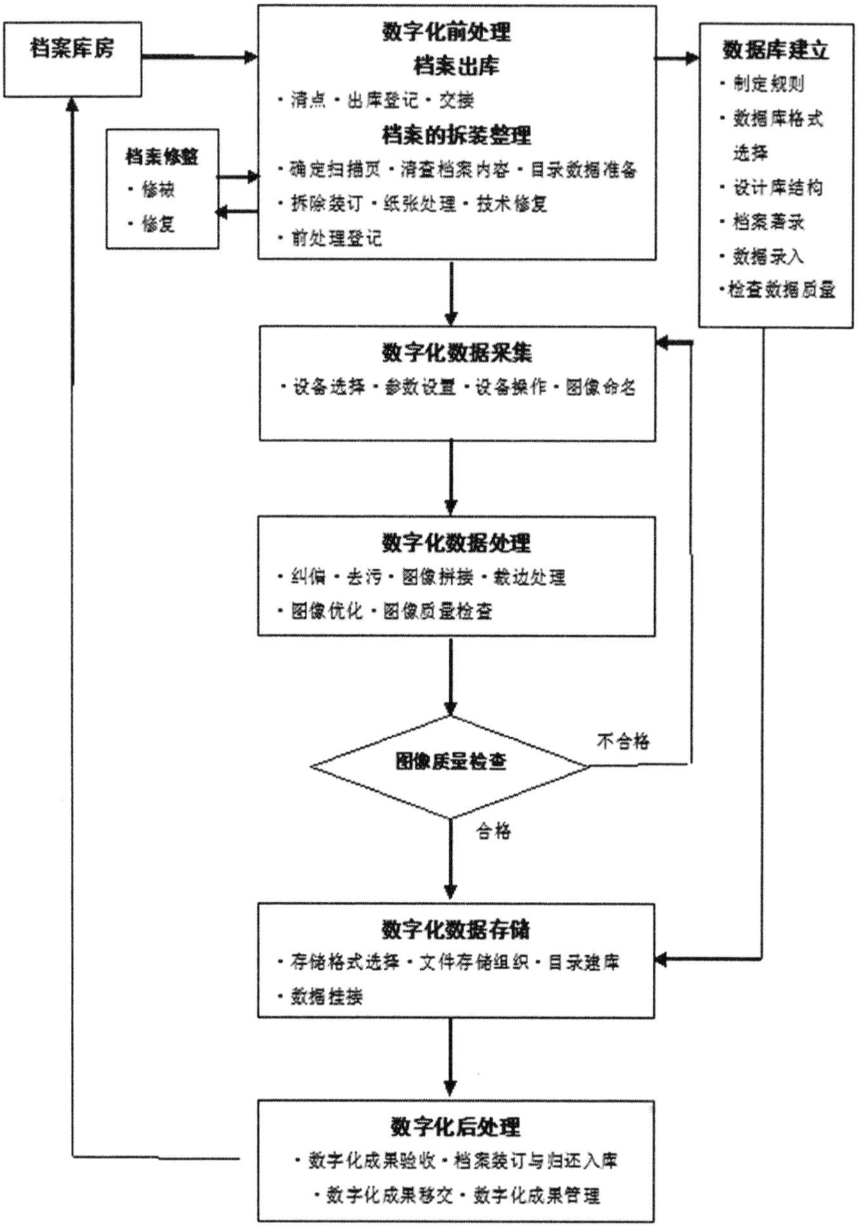

图 1-1　纸质档案数字化加工流程

第三节　组织加工方式

一、内部加工

内部加工就是档案保管机构自己组建数字化加工工作室，配备相应的设备和人员，实施档案数字化加工。所需的档案数字化加工设备一般包括平板扫描仪、高速扫描仪、零边距扫描仪和数码翻拍仪等设备。数字化加工人员包括组织管理人员、前处理人员、扫描加工人员、质量检查处理人员、后处理人员、数据备份人员等。

（一）内部加工的主要优点

1. 自行组织进行数字化加工，可以培养档案保管机构自己的技术人员，以便长期开展数字化工作，同时也可以对社会开展数字化业务。

2. 可以充分发挥档案保管机构内部人员的专业优势，有利于提高档案数字化工作质量。档案保管机构内部人员具有较高的档案专业知识，了解档案专业的相关标准规范，能够较好地完成纸质档案数字化的基础工作，如档案价值的鉴定，档案的修复、裱糊，档案的著录等工作。

3. 各部门之间的关系容易协调，有利于提高数字化工作效率。纸质档案数字化工作会涉及档案保管机构内部多个档案业务部门，不同部门之间的良好合作有利于纸质档案数字化工作的开展。比如档案的调档工作由档案保管利用部门负责，档案录入质量的检查验收由档案接收征集或整理部门负责，档案修裱的质量检查验收由档案保护技术部门负责，档案数字化软硬件设备的安装、调试、维护则由档案信息技术部门负责。因上述各部门都属于档案保管机构内设部门，因此部门之间的工作协调较好。

4. 有利于保证档案实体以及档案信息的安全。在档案保管机构内部进行纸质档案数字化工作，由于整个工作离不开档案保管机构，这样可以最大限度地确保档案原件以及档案信息的安全、保密。

5. 有利于档案人员熟悉馆藏。通过数字化过程档案人员可以更加全面地了解馆藏情况，掌握各类档案的保管状况。

（二）内部加工的主要缺点

1. 档案保管机构人员进行数字化加工不够专业。开展纸质档案数字化对从业人员有一定的专业知识要求，需要从业人员掌握相应的现代信息技术，因而仅凭档案保管机构自身力量难以完全满足这一需求。在当前社会分工日益细化、专业化程度日益增强、数字化技术更新加速的大环境下，档案保管机构完全依靠自身力量完成库藏纸质档案数字化工作也日益显得效率低下，且力不从心。

2. 数字化软件和硬件设备购置成本较高。在纸质档案数字化过程中需要一系列软硬件设施设备，比如扫描纸质档案需要各种扫描仪，纠编、去污等操作需要图像处理软件，刻录备份需要刻录备份介质及软件等。现代信息技术发展很快，软硬件不断更新换代，配备和维护纸质档案数字化软硬件需要大量的经费。

二、外包加工

利用外包加工形式开展纸质档案数字化加工，就是选择可靠的数字化加工公司，由加工公司负责提供设备、人员、技术等，按照档案保管机构的要求开展数字化工作，档案保管机构只负责数据的验收工作，其他数字化过程中的工作均由数字化加工公司完成。

（一）纸质档案数字化外包加工的优点

纸质档案数字化建设是一项复杂的系统工程，也是一项长期而又艰巨的任务。纸质档案数字化采取业务外包形式，其主要优点表现在：

1. 可以节省档案部门的人力，使档案人员有更多的时间和精力开展其他业务工作。

2. 可以确保数字化工作速度、质量。外包公司通过竞标获得加工权，按照合同约定开展数字化加工业务，能够为纸质档案数字化工作提供高质量、高效率和高效益的服务。

3. 外包专业公司自带软硬件，能够避免档案管理机构购置软件及硬件设备、建立工作室等一次性较大投入和设备维护、人员管理等成本，降低业务运行成本。随着技术进步，如果由档案保管机构购置设备和软件会有被淘汰的风险，而将相应业务交由专业公司承包，节省软硬件升级、更新等大量经费，避免投资风险，而且可以得到专业公司的先进设备和优质服务。

（二）纸质档案数字化外包加工的缺点

外包加工开展数字化工作的缺点主要是档案原件以及数字化信息的安全保密难以保证，档案保管机构不易对整个工作进行监管。

利用外包加工形式进行纸质档案数字化工作，可以有两种形式。一种形式是档案部门不提供数字化加工场地，而将原件拿出档案部门，这种方式档案原件将脱离档案部门的监控范围，在运输以及加工过程中可能造成档案的丢失，容易造成涉密档案的失泄密，数字化后的数字信息也容易流失。另一种形式是档案部门提供数字化加工场地，原件不拿出档案部门，原件在数字化加工过程中仍然在档案部门的监控范围内。

对于档案数量较少的档案保管机构而言，外包加工模式比较合适，既能节约设备投资又能保证数字化的速度和质量。开展数字化外包加工业务，应当选择有经验和资质的加工公司，且最好在档案保管机构内部提供场地，严格交接手续，杜绝档案丢失和泄密现象，特别是应防止数字化数据流失。

（三）外包加工开展数字化工作应注意的问题

1. 不得外包涉密和有敏感内容的纸质档案数字化工作。

2. 凡原标有密级经鉴定可解密的纸质档案，须在原标密处进行解密标注后方可外包进行数字化加工。

3. 外包非涉密档案的数字化工作，也应采取特定的安全保护措施。

此外，由于外包方是独立的机构，与档案部门是合作关系而不是隶属关系，因此，档案部门对外包方的行为无法直接进行监督，一些风险往往难以控制。因此，纸质档案数字化工作如需外包，档案部门还应注意以下几个问题：

1. 应从企业性质、股东组成、安全保密、企业规模、注册资金情况等方面严格审查数字化加工企业的相关资质；按照有关标准和规范的要求评估数字化加工企业的技术能力；要从规章制度的建立健全程度等方面考查加工企业的管理能力。

2. 要重视流程管理，在项目实施过程中，应依据国家档案局《档案数字化外包安全管理规范》（档办发〔2014〕7号），从档案部门、数字化服务机构、数字化场所、数字化加工设备、档案实体、数字化成果移交接收与设备处理等层面执行严格的安全管理要求。比如：建立档案领取登记制度，在领卷、还卷交接时应该做好登记，在档案出库前履行档案交接手续，以便以后出现问题能准确查出该由谁承担责任。

3. 加强全程监控，如：指派专门人员参与纸质档案数字化外包业务的监督、指导，完成质量监控、进度监控、投资监控、安全监控和协调沟通等方面的工作。

4. 做好前端控制，要特别重视对前处理工作质量的检查，因为只要这个环节出错，就会影响整个工作流程。

5. 建立完善的问题反馈机制，对纸质档案数字化工作过程中后端环节发现前端环节中产生的问题进行及时反馈和修正。

6. 强化纸质档案数字化工作中的技术要求和安全保障。应依据相关的法律法规和各类技术标准，制定相关的工作流程和各环节操作规范等，对纸质档案数字化全过程进行有效的控制，确保数字化成果质量，促进外包加工规范、有序开展。

7. 业务外包单位应该健全自身的规章制度，从起初对人员的培训到最后质量检查都应该讲求效率，制定相应条款，特别是对各个工作环节及流程衔接处做出明确具体的规定，把职责细分到个人，避免职责不清。

8. 无论是档案保管机构还是业务外包单位都必须建立信息反馈机制，及时了解和掌握工作动态及出现的新问题，完善相关标准、制度，保证工作顺利进行。

综上，为了杜绝纸质档案数字服务外包的安全隐患，档案保管机构应切实加强档案数字化管理工作：一是加强档案鉴别，严禁涉密档案数字化服务外包；二是加强风险防范，自备档案数字化场地；三是确保信息安全，自备计算机等设备的硬盘、移动存储介质以及无法确保数据可靠清除的设备；四是重视人员管理，落实服务人员资质审查机制；五是健全管理制度，与外包单位签订安全保密协议；六是规范工作流程，细化各项核查记录；七是加强技防措施，严防档案信息外泄。

三、部分外包加工

鉴于档案保管机构内部进行数字化加工以及纸质档案数字化外包两种组织形式的利与弊，对于纸质档案数字化工作可以采取部分外包的形式，即重要、珍贵、涉密、敏感的纸质档案选择档案保管机构内部进行数字化加工的方式；急用的、普通的、不涉密、不敏感的纸质档案可以选择外包加工的方式。

因此，纸质档案数字化的组织加工方式通常有三种：档案保管机构内部进行数字化加工；外包给专业公司进行数字化加工；部分外包给专业公司进行数字化加工。

第四节　组织与管理

一、配备机构人员

档案数字化建设是信息社会的要求，是档案现代化建设中的一个重要内容，但是在建设过程中却经常出现因为管理不善或技术方面的原因而发生质量问题，以及泄露不宜公开的档案信息，丢失、破损档案原件，删除、篡改档案信息等安全问题。这些问题的产生严重阻碍了纸质档案数字化工作的开展。在数字化工作中如何保障档案原件和档案信息的安全，如何控制档案数字化的质量，保证数字化成果与档案原件信息一致，就成了档案数字化工作中安全、质量控制的主要内容。为此，要建立纸质档案数字化工作机构，配备相应人员对数字化工作进行统筹规划、组织实施、协调管理、安全保障、技术保障、监督检查、成果验收等，确保数字化工作的顺利开展。

（一）建立档案数字化领导机构

为了加强对纸质档案数字化工作的组织管理，建议成立档案数字化资源建设协调领导机构。领导机构的职能是：

1. 制订纸质档案数字化的总体规划和年度计划，保证项目的外部环境、内部条件、决策目标的动态平衡，实现管理决策所制定的各项目标。

2. 实施有效的组织、协调、激励工作，保证档案数字化计划的顺利实现。

档案数字化领导机构应当切实负责，确保数字化工作的顺利进行。领导机构可以下设以下小组：

1. 规范制定组：负责起草制订档案数字化过程中的各类规章制度、相关规范及技术标准。

2. 前期处理组：负责调、归卷以及案卷（文件）的前期整理工作，确保档案在进行数字化加工之前的质量达到规范要求。

3. 综合保障组：负责加工场地的落实，水、电保障工作，负责加工单位工作人员的出入管理以及项目资金保障等。

4. 数字化生产组：负责数字化加工过程中的相关技术工作、在线抽检工作、部分特定档案的具体数字化工作。

5. 验收组：负责调、归卷的质量检查及最终加工数据的验收。

（二）配备具有相应能力的工作人员

配备具有相应能力的工作人员，包括熟悉档案业务并具有较高调查研究水平和良好组织领导能力的管理人员，熟悉相关标准规范并能够为纸质档案数字化工作各环节提供技术支持的技术人员，掌握一定数字化基础知识并熟悉本职工作的操作人员等。应通过科学规范的管理制度，对工作人员进行规范化管理。为强化数字化工作的安全性，应加强对外聘工作人员的审核。

二、配备基础设施

（一）配备加工场地

档案数字化要配备专用的加工场地，并进行合理布局，形成档案存放、数字化前处理、档案著录、档案扫描、图像处理、质量检查等工作区域。加工场地的选择及温湿度等环境的控制应有利于档案实体的保护。

（二）配备安全设施

场地内应配备可覆盖全部场地的防火、防水、防有害生物、防盗报警、视频监控等安全管理的设施设备，如：安装消防系统、防盗报警系统、视频监控系统；配备安全保密设施，实现防磁泄漏功能或加装磁干扰设备，消除通过磁泄漏而产生的安全隐患，并不得在工作场所中随意使用与工作无关的电器设备。

（三）管控人员出入

制定严格的数字化工作场所人员出入制度，条件允许的情况下，可加装门禁系统，严禁无关人员进入档案数字化场所。

（四）防范各类风险

针对自然灾害要制定相应的防范预案，以便在自然灾害发生时可以最大限度地保护档案的安全。禁止在加工场所内吸烟，在加工工作台饮水、餐饮等。对于数字化加工场所要进行定期和不定期的检查，发现问题及时解决，防止各类档案安全事故的发生。

（五）配备数字化设备

在配备专用的加工场地和安全设施的基础上还要合理规划、配备和管理数字化设施设备，确保设施设备安全、先进，能够满足数字化工作的需要。

三、制订工作方案

应在充分调研的基础上，制订科学合理的工作方案，确保纸质档案数字化工作达到预期目标。工作方案包括数字化对象、工作目标、工作内容、成本核算、数字化技术方法和主要技术指标、验收依据、人员安排、责任分工、进度安排、安全管理措施等内容。数字化对象的确定应综合考虑档案的珍贵程度、开放程度、利用率、亟待抢救程度、数字化资金情况等因素。此外，还可对纸质档案数字化工作方案进行专家论证，确保其科学、规范、合理。制订的纸质档案数字化工作方案应经审批后严格执行。

四、落实标准规范

标准化是纸质档案数字化的关键，纸质档案数字化建设的目标实现，必须建立在统一规范、统一标准的基础上。如果纸质档案数字化采取不同的标准，就会给档案管理部门、信息资源整合甚至数字化应用系统本身的可持续发展带来很大的影响。在纸质档案数字化过程中，标准化的规范体系显得尤为重要，它是纸质档案数字化高质量的坚实基础。纸质档案数字化要首先考虑采用国家标准，其次才是行业、地方标准。纸质档案数字化应当采用开放的或者通用的格式，便于档案信息资源的共享和整合。

纸质档案数字化标准的选择既要考虑到可操作性，又要为将来技术升级留有余地。也就是说，纸质档案数字化的标准符合先进实用的要求，才有长久的生命力。

规范有关操作流程与标准是对与数字化工作有关的各个环节操作方法的统一，以便于数字化人员在具体操作时能够有据可依，以防无效劳动，造成人力、物力资源的浪费。一是数字化工作中各个环节都要责任明确，以防在出现问题时互相扯皮，以及由于责任不明确而造成的管理混乱等。二是规范数字化工作的操作流程，确保各个环节工作之间的有效衔接。如数字化人员从库房中领取要数字化的档案要履行严格的借阅程序、数字化成果移交的程序等。三是数字化成果质量标准的统一，如数字图像的存储格式、分辨率等有关图像质量参数的要求。同时，还应该加强对数字化人员关于操作流程与标准的培训与传达力度，确保他们熟练掌握操作流程、熟知有关标准要求，帮助其规避一些易发生的误操作，纠正工作中不良习惯，确保数字化工作高质量。

五、严格执行安全保密制度

安全是纸质档案数字化的前提条件。涉密档案的密级有绝密、机密、秘密等，此外还有涉及个人隐私、商业秘密和知识产权等方面的档案。纸质档案数字化只有遵守国家有关安全保密、知识产权和个人隐私保护方面的法律法规，才能保证档案数字化的有效进行。数字化在给人们带来方便的同时也带来不少安全隐患。档案部门在采取外包等形式对纸质档案进行数字化时，有可能造成安全风险，可以采取相应措施有效降低安全风险。

（一）慎选加工方式

在纸质档案数字化时，一些涉密档案、重要档案，应由档案人员亲自进行数字化，不得进行数字化外包。此外，选择外包加工方式的，数字化成果移交后，数字化外包单位不得留存所加工的档案信息。

（二）选择外包加工资质

选择有相关资质的外包单位，如依据《国家秘密载体印制资质管理办法》等相关规定选择有资质的数字化外包加工单位，并做好外包的管理工作。

（三）构筑安全防护体系

坚持档案数字化建设的安全保密原则是一项综合性的系统工程，对于数字化后的档案要防止在网上随意传播利用，必须根据网络环境下开展档案信息服务的特点，采取切实可行的安全防范措施和手段，如采用信息加密、防火墙控制、访问控制、数据备份等，为档案数字化建设提供技术防范依据和管理保障，构筑起档案数字化的安全防护体系。

1. 建立岗位责任制

建立和逐步完善各工作岗位的责任制，细化数字化工作过程中各工序间的档案交接手续，规范数字化加工场所的安全保密要求，加强对数字化承建单位及人员的安全保密管理和采取各种安全保密措施，是档案数字化工作中保证纸质档案原件及纸质档案数字化信息安全保密的基础。

根据《中华人民共和国档案法》、《中华人民共和国计算机信息系统安全保护条例》、《信息安全技术信息系统灾难恢复规范》等有关法律法规和标准的规定，制定档案数字化中的档案安全保管和保密工作责任制。档案部门要制订具体的工作方案，调整充实档案安全领导机构，建立健全档案数字化过程中的安全检查、安全保管和安全利用制度。工作人员要分工明确、责任到人，从档案出库、前处理、数字化到最后检查、还档和数字档案信息的存储备份，每个环节、步骤，都要安排专人负责。要采取强有力的措施，确保档案原件与档案信息的绝对安全。

2. 设计档案数字化流程中各个工作环节登记表

要严格做好档案进出及各个工作流程的登记工作，确保每份档案的流向有书面记载。如设计《纸质档案数字化审批书》、《纸质档案数字化流程单》，设计与“调档”工作相配套的《档案调档登记表》，与“前处理”工作相配套的《档案数字化前处理工作单》，与“扫描”工作相配套的《纸质档案扫描工作单》，与“图像处理”工作相配套的《数字图像处理工作单》，与“目录建库”工作相配套的《数据录入工作单》，与“验收”、“移交”工作相配套的《纸质档案数字化验收登记表》和《纸质档案数字化成果移交清单》，与“数据存储”、“成果管理”工作相配套的《数字档案信息存储备份登记表》，以及与“还档”工作相配套的《档案入库登记表》等，每张表格均需标明日期、全宗号、目录号、数量、张页数、破损情况等相关信息，并要求相关交接人员签字确认，做到每份档案的去向都登记在册，一目了然。通过这些涉及各个工作环节的登记表，让数字化工作中每份档案都有一份明确的、清晰的、记录有每个加工环节信息的“安全档案”，以确保每个环节中档案实体和档案信息的安全。

3. 要对档案数字化承建单位及人员有严格的安全保密要求

档案数字化工作的承建单位应该有特定资质，数字化加工场所一般设在档案部门独立、可封闭的建筑内，符合防盗、防火、防尘、防水、防潮、防高温、防日光及紫外线照射、防有害生物、防污染等要求，配备满足安全管理需要的视频监控设备，确保档案暂存处、数字化加工工位、服务器、数据导出端及门窗等无监控死角，视频监控系统应由专人负责，数据自产生之日起保存不少于6个月，并定期对数据进行回放检查。数字化加工人员存放随身物品要有专用储物箱柜，并与档案装具分区放置。数字化加工场所不得有非工作需要的私人物品，包括照相机、摄像机、手机、录音机、笔记本电脑、平板电脑等各类电子设备和各类移动存储介质；严禁擅自将数字化加工场所内的物品带离现场。严禁加工人员对档案原件及档案信息的私自复制。非数字化专用的设备和存储介质严禁带入数字化加工场所。档案数字化过程中使用的移动存储介质和刻录设备应指定专人保管，并对使用情况进行记录。数字化承建单位要严格遵守《保密守则》和档案法律法规，严格按照数字化工作流程进行工作，确保数字化加工中档案原件和档案信息的安全。不得遗失、损坏档案原件。未经档案部门同意，不得擅自将档案原件和加工数据带离指定场所，凡因加工需要，档案或数据必须离开指定场所的，必须采取措施，确保档案原件和档案信息的安全。数字化承建单位对数字化工作人员要进行保密培训，并持证上岗。要制定数字化工作期间的人员安全管理制度、安全审查制度、岗位安全考核等制度，并要严格执行。

4. 要采取各种行之有效的安全措施

在档案的“前处理”、“数据采集”和“后处理”等工作环节中可能要对档案进行拆卷、扫描、装订等处理，每一步都要采取必要的安全措施，以保证档案原件的安全，不能因为人为因素造成档案原件的污染、破损、断裂甚至失窃等无法挽回的损失。加强对计算机、扫描仪等终端设备的控制，防止数字化信息违规拷贝。封闭所有档案数字化加工设备的无线网络功能，并定期进行相关检测。数字化加工使用的计算机、扫描仪等设备，必须采用技术手段或专业物理设备封闭所有不必要的信息输出装置或端口，如 USB 接口、红外线、蓝牙、SCSI 接口、光驱接口等，封闭的装置或端口要定期进行检查。数字化加工过程中除必要的操作系统、杀毒软件、加工软件和安全管理软件外，档案数字化加工计算机不允许安装与加工无关的软件。用于数字化加工的设备和存储介质严禁与其他设备和存储介质交叉使用，用完后及时回收。数字化成果的存储备份应相对集中。数字化设备和存储介质不得擅自送外维修，必须送外维修的应办理书面审批手续，并由专人现场监督。处理尚未公开档案的信息设备的管理和使用应符合国家有关保密安全的相关规定。

六、提供保障机制

纸质档案数字化的机制保障主要牵涉到两个方面，即人才和技术。人才方面，纸质档案数字化的组织实施、操作、使用等全部是通过人来实现的。人才是保证纸质档案数字化能否顺利进行和成功的关键。纸质档案数字化必须有一支高素质、高水平的人才队伍作保障。技术方面，纸质档案数字化是采用现代高新技术所支持的系统工程，这就要求各档案部门以及数字化加工部门在纸质档案数字化过程中不断研究、学习和掌握新技术，密切关注发达国家的最新研究成果，只有这样，才能为档案数字化提供保障。

数字化操作人员是数字化工作的主体，是最为积极的主动因素。给予工作人员适当的关注，做好各方面的保障措施，将有利于工作效率以及工作质量的提高。首先是制定合理的工作量。工作量的制定既要考虑到档案部门对数字化工作进度的需求，又要兼顾数字化人员自身的承受能力以及熟练程度，使他们在相对宽松的任务要求下开展工作。其次是谨防有关职业病的发生。有些档案由于保管不善会有发霉现象，在工作过程中，数字化操作人员应该戴上口罩以隔绝因翻动档案而产生的灰尘，减弱档案所产生的有害气体对人体呼吸道的刺激，谨防鼻炎及有关呼吸道疾病的发生；扫描仪及计算机等都会产生一定量的辐射，长期工作在这些设备前，会出现头痛、耳鸣、神经衰弱、视力下降等症状，数字化工作中要劳逸结合，避免过度疲劳。最后是给数字化人员适当的经济补助，作为一种激励手段，体现人性化关怀，鼓舞干劲。

七、过程管理目标

（一）确保质量

纸质档案数字化首先应当确保采集数据的质量。为了确保质量，应当从以下几个方面考虑。

1. 做好要进行数字化的档案前期处理工作

对于库藏量较大、基础工作比较薄弱的单位，应当优先建立文件级目录数据库，为开展全文数字化工作奠定基础。要注重基础工作的质量。应当对档案进行规范的整理，包括分类、著录、编页、编档号等，建立完善准确的案卷目录和文件目录，为数字化工作奠定坚实的基础，从源头上杜绝计算机管理的差错。

在前期处理中，应该对先前档案整理的规范性进行检查，如文件名与目录是否对应、档号章填写是否正确、件内页数标注是否有误等，由于档案整理工作不规范，会导致数据加工质量的低下。档案部门所保存的档案一般已经过整理，且采用“三点一线”等方式装订、装盒。为确保数字化质量，一般将装盒、装订好的档案拆开，以便于能用扫描仪进行扫描。拆线的进度应该与扫描速度相配合，一般拆完一卷（件）扫描一卷（件），这样可以防止由于拆好的档案大量的堆积而造成档案混杂或丢失；亦可以两个人为一个小组，进行分工协作，一个人负责拆，一个人负责扫描。

2. 选择合理的数字化技术参数

数字化技术参数的选择和确定对数据采集质量有着较大影响，其中扫描分辨率直接关系到数字图像的清晰度和还原效果。在选择分辨率时应根据实际需要综合考虑，包括数字图像的可阅读性、存储空间、输出打印质量等。根据档案纸质的不同，采用不同的分辨率。对原有纸质幅面字迹过浅、过深或经长时间存放出现退化的幅面，应利用图像扫描影像处理系统进行适当的文字加深或调整，以保证图像的清晰度。对大幅面的表册和地图等档案页面进行分块扫描，形成的多幅图像，要留有一定的重叠画面，并及时合并为一个完整的图像，避免遗忘。

3. 做好数字化成果的维护

对于数字化成果的维护主要是确保数据信息的完整性以及对数据质量的控制。一是做好数据完整性的审查。在数字化过程中，由于失误，可能会导致某份文件或一份文件内个别页面的漏扫或重扫。如果不及时查出，必将会给后续的利用工作带来麻烦，因此应该对采集数据做好检查工作，谨防漏扫或重扫现象给数据带来的不完整或不规范。二是做好数据信息的质量控制。对于设备或操作原因致使数字图像不清晰而无法使用的，要重新扫描；对于数据信息中存在的“噪点”应该予以消除，但“去噪”工作应该区别对待，应该视“噪点”为档案本身所有的还是由于人为以及设备原因导致的，尽量保持档案原貌。

（二）确保系统性

纸质档案数字化工作要讲求系统性，在整个数字化流程中都要确保工作有序、不乱，在前处理和后处理流程中要确保原件系统化整理，恢复原件原貌，不能因为数字化而打乱档案整理体系以及数字化成果的系统性。

1. 统筹好数字化工作与有关工作之间的关系

协调好档案部门一个年度内扫描工作任务量与其他工作之间的关系。扫描工作是一项常态化的任务，应该对本单位目前既有的工作量进行统筹，合理制订工作计划。如果工作量过大，必然会导致“赶工”现象，使扫描质量下降。

2. 建章立制，规范管理

无论是在档案保管机构内进行纸质档案数字化还是业务外包，都应该健全规章制度，做到规范管理。纸质档案数字化管理制度应包括岗位管理、人员管理、场地管理、设备管理、数据管理、档案实体管理等方面的制度。岗位管理制度主要规定数字化工作各岗位的工作目标和职责，形成明确的岗位业务流程规范、考核标准、奖惩办法等；人员管理制度主要对人员的安全责任、日常行为、外聘人员信息审核及管理、非工作人员来访登记等进行规范；场地管理制度主要对人员出入和工作场地内基础设施、环境、网络、监控设施、现场物品、证件等的管理进行规范；设备管理制度主要对数字化工作各环节涉及的全部设备的管理进行规范；数据管理制度主要对数字化各环节所产生的数据的管理进行规范；档案实体管理制度主要对档案实体在数字化过程中的交接、管理、存放等工作进行规范。

3. 规范有关操作流程与标准

制定科学化、规范化的管理制度后，应在工作过程中严格执行，以有效保障档案安全和纸质档案数字化成果质量。首先，档案保管机构内部各处室对自身职责要做出明确规定。比如技术标准由档案保护利用部门负责，接收整理部主要负责在档案交接时做好清点登记工作等。其次，从质量检测或监理质量控制、资金拨付等环节进行控制。最后是加强过程管理。

（三）讲究经济性

1. 合理配置数字化工作软硬件

数字化工作软硬件的配置是做好数字化工作的物质基础，良好的配置可以提升数字化工作的效率。首先是设备配置的效费比问题。由于数字化工作对设备功能性要求单一，过高的配置会造成资源的浪费，应该根据工作的实际需求，合理配置，提升设备的性价比，为单位节约资金。其次是软件的可操作性与方便性。档案数字化软件应该充分考虑到档案部门中大部分人的接受能力。在考虑到软件功用性的基础上，兼顾软件的可操作性和简便性，一般采用封装性比较好的软件产品。如果软件操作过于复杂，势必会遭到抵制，降低工作效率，应该努力在软件的可操作性、方便性与功用性之间寻找平衡点。最后就是设备的配置要考虑到发展的因素，确保现阶段的配置能够满足在今后一定时期内的可用性，避免设备因不能满足发展的需求而过早的更新换代。

2. 统筹规划、合理安排

应当对数字化、缩微、仿真复制、鉴定整理等工作进行统筹规划、合理安排，杜绝多次拆装卷和重复扫描。档案缩微品的数字转换可以使用缩微胶片扫描仪进行扫描，直接将缩微胶片转换成数字信号，避免再对纸质原件进行重复扫描。

（四）讲究安全性

1. 建立安全保密管理的机制

应建立纸质档案数字化各环节的安全保密管理机制，确保档案原件和数字化档案信息的安全。数字化加工的安全性是整个流程与方法实施的重要环节，在办公环境的不同位置均应安装录像监控以确保进行及时有效的安全管理和常态化监督；对档案卷宗的成批件一定要做到轻拿、轻放等等。

2. 建立完整规范的登记记录

纸质档案数字化的各个环节均应进行详细的登记，并及时整理、汇总，装订成册，在数字化工作完成的同时建立起完整、规范的记录，工作人员不能将档案随意下载、传输或带出场外，只有这样才能做到纸质档案的数字化工作流程高效、便捷和安全。

第二章　纸质档案数字化前处理

第一节　档案出库

一、档案出库前的准备工作

纸质档案数字化加工之前，需将档案从原存放处迁移到数字化加工场所，档案保管机构与数字化加工的承担者需要办理档案交接手续。对需要进行数字化加工的档案的数量、质量双方进行确认，签订相应的交接单。

大批量纸质档案数字化，应先将需数字化的纸质档案从档案库房搬移至临时周转库房。数字化加工人员按照预定的数字化计划提出加工申请，经主管人员审批后，从周转库房领取纸质档案进行数字化加工。领取档案时，交接双方应逐一清点档案、实时登记，办理交接手续。

纸质档案数字化加工之前，档案保管机构还要将档案信息资源进行有序整理，就是要按照档案信息化建设的要求，在进行数字转换之前，对档案信息普遍、全面地进行一次鉴定和加工整理。

其主要内容及要求有以下几个方面：

（一）对档案价值进行判定

根据档案价值的大小，确定进行数字化转化的范围。档案保管机构保存的各种门类、各种载体的档案，绝大部分具有较高价值，但确有少数档案已失去或基本失去利用价值，没有必要进行数字化转化。因此，在档案信息数字化转化之前，必须制定一个判定档案价值的标准，确定一个进行数字化转化的范围，据此做好档案价值的判定和数字化转化范围的确定工作。

（二）剔除重复归档的重份文件

档案中的重份文件，在手工检索的情况下，无疑是提高了查准率、查全率。而用计算机存贮和检索重份文件，不仅多占用了数据库的空间，同时还会影响检索的速度。因此，同一案卷或组合件中的重份文件只选择一份即可，其他的可剔除不用以节省数据存储空间，节省人力、财力和时间。

（三）对有密级的文件进行标注

库藏档案中有密级的文件，有的已进行了开放，应加盖解密标识，部分文件仍处在保密期限之内，对仍需保密的文件，不能随意数字化，因此，必须做好密级文件的降密解密工作，以避免失泄密情况发生。

档案安全，始终是档案工作的生命线和底线，是档案部门的基本任务和第一要务，在数字化工作一开始就应当强调进行档案数字化要重视档案实体安全与档案数字化信息的安全。为落实这一要务，保证对密级文件、涉密材料的控制管理，应做到：①在数字化前对档案全宗进行摸底，由保管部门从全宗内抽出涉密档案单独进行处理。②要求整理人员对涉密档案必须填写《档案文件密级登记表》，对该份档案的全宗号、目录号、案卷号、文件标题等详细内容进行登记，由档案保管机构相关部门组织鉴定后再决定是否进行数字化。

（四）开放全部应开放的档案

在人工管理、手工检索的情况下，利用档案只能是整卷（件）调阅。但在计算机存贮检索的条件下，完全可以做到提供单份（页）文件。因此，有必要对过去的开放目录重新予以审查，把受“整卷（件）开放”所限而未开放的文件予以开放利用。同时，要按照《档案法》规定，对经济、科学、技术、文化等类档案进行鉴定，及时数字化，及时开放利用。

（五）重新拟定文件题名

库藏中无题名或题名不确切的文件，必须根据文件内容，在数字化加工前重新拟写出确切反映文件内容的题名。否则，将给检索和管理造成困难。

（六）对数字化的档案进行清点登记

在上述工作的基础上，清点进行数字化的纸质档案的卷（件）数，核对档号。

（七）对待数字化的档案进行审批

在对待数字化的档案进行清点登记的基础上制订纸质档案数字化工作方案，签订《纸质档案数字化审批书》。《纸质档案数字化审批书》示例见表2－1。

二、档案的交接

对于采用外包形式进行纸质档案数字化的档案保管机构，需将进行数字化的档案移交给业务承包方，承包方应当对照档案保管机构提供的档案目录认真清点核对档案的卷数，在档案保管机构和承包方确认无误的情况下，双方签订《纸质档案数字化原件交付单》。

表2－1　纸质档案数字化审批书

批　次	
数字化 对象	
档案数字化 部门意见	部门负责人： 年　月　日
档案保管 部门意见	部门负责人： 年　月　日
单位意见	现批准对　　　　　等　全宗共计 卷（件）纸质档案进行数字化。 法定代表人： （单位签章） 年　月　日

第二节　档案的拆装整理

一、确定扫描页

《纸质档案数字化规范》（DA/T 31—2017）中规定“原则上应将确定为数字化对象的纸质档案全部扫描，不宜进行挑扫。如有不需要扫描的页面应加以标注”。

按要求把需要扫描的和不需要扫描的页面区分开，区分的原则是：无关和重复的页面可以剔除，在具体操作过程中，有些单位对同时存有正本、定稿、草稿的档案进行数字化的扫描界定范围是只扫描正本，如果没有正本的，扫描定稿，无正本无定稿的，扫描草稿。有些单位则认为，正本、定稿、草稿、修改稿等都是档案完整形态的一部分，不能人为的割裂档案的前后形成关系。没有草稿、修改稿等也就没有最终的正本，它们作为一份完整的档案应全部扫描。应该说，数字化成果就是纸质档案存在的另一种形式，它比纸质档案拥有更多的优点就是查阅利用更方便、更快捷。我们应该尊重档案原貌，尽可能地让数字化成果与纸质档案相符，尽量客观地进行档案数字化工作。

二、清查档案内容

确定扫描页后，应对没有页号或页号不正确的档案重新编制页号。重新编制页号时，应在统一位置书写页号，且不压盖档案内容。书写页号所使用的笔、墨等不应破坏档案原件或对档案长期保存造成影响。

负责清查档案的人员，应逐卷、逐件、逐页地对所选档案进行清查，凡是有内容缺失、目录漏写、页码次序颠倒，以及珍贵档案出现破损的，都应准确登记，并提请档案所属单位进行妥善处理。

三、目录数据准备

有些档案文件目录与文件内容不相符，究其原因，一是立档单位归档（移交）工作疏忽，二是在早期进行档案条目著录时著录人员工作疏忽。如果在数字化时对这样的错误不进行修正，将错就错，那么数字化的目的最终将无法达到，也失去了对档案进行数字化的意义。处理对策是：按照目录数据库建立时制定的数据规则，对照档案原件内容，规范档案中的目录内容。对需在目录数据库中进行标记的情况进行标记。在具体操作中可对待数字化的档案进行一次校对与修正，对有文件而没有目录的要补充目录；对有目录而没有文件或者档案有缺失、缺页等情况的，纸质档案数字化工作人员必须如实填写《库藏档案卷内文件材料登记备查表》，由管理中心或保管部门相关人员签字认可，并在进行档案原件扫描时将《备查表》扫描在所缺内容位置，这样在查阅该卷档案时，其缺失、不完整等情况就一目了然，其档案信息也更完整的得到体现。

四、拆除装订

逐卷（盒）拆除档案中的装订物。拆除时不得损坏档案包装原件，对排列顺序不准确的档案进行重排，对拆卷后难以复原的珍贵原件和法律凭据性文件，应请示档案所属单位，决定是否拆卷。特殊装订且拆除装订后需恢复的档案，在拆除装订物时应采用拍照等方式记录档案原貌，以便于恢复。

目前按装订方式来分，档案有两大类：一类是 2001 年以前“立卷”方式整理的档案，其文件大都是依照三点一线进行装订组卷，称为“立卷”档案；另一类是在 2001 年 1 月 1 日开始实施国家档案行业标准《归档文件整理规则》（DA/T 22—2000）后推行的“不立卷”方法整理的档案，即每份文件装订后装盒，免去立卷、装订案卷等复杂环节，也就是所谓的“不立卷”档案。不论是“立卷”档案还是“不立卷”档案，在档案扫描前都要拆除装订物，待扫描结束后再重新装订还原。

1. 通过拆除装订物，可以把原来卷（件）中页码顺序混乱情况进行重新更正，确保了文件结构的连续性。

2. 拆除装订物后进行扫描的图像质量比不拆除装订物的要好。比如一卷（件）很厚的档案，在扫描其前部分或后部分时可能影响不大，但是在扫描中间部分的页面时，很难将其内容扫描完整；对于接近装订线的那部分内容，不拆除装订物的话也很难把内容扫描完整。

3. 虽然拆除装订物后重新装订看似费时费力，但是拆除装订物后的档案，可有效避免用平板扫描仪或高速扫描仪进行扫描时产生的漏光，节省人工翻页处理的时间和精力消耗。

4. 若档案拆除装订物后不进行再次装订，只是按照卷（件）原来顺序存放的话，虽然在档案利用或对档案原件进行仿真复制等比较方便，但是从档案保护的角度来看，是存在一定隐患的。档案散放保存，很容易因整理人员疏忽或人为偷窃等造成顺序混乱、内容缺失等。

有需要的单位，可在档案拆除装订前，逐卷加贴条形码，以便在随后流程中通过识别条形码对扫描档案进行准确、高效的控制，并为以后档案借阅利用提供便利。

五、纸张处理

纸张质量关系到扫描仪的选择和扫描效果。对严重破损、褶皱不平、字迹模糊的档案，应及时做好登记，并分别进行处理。比如，对破损残缺的文件需及时进行修补，对褶皱的档案要进行压平处理，如需熨烫，熨烫温度要根据档案保护技术规范要求进行选择，具体操作时结合不同熨斗技术参数在熨斗低温区选择最合适的温度。对被污染的纸张要在通风环境中，用软毛刷轻轻刷去浮尘或霉菌。

六、技术修复

《纸质档案数字化规范》（DA/T 31—2017）中规定："破损严重或其他无法直接进行扫描的纸质档案，应先由专业技术人员进行技术修复。褶皱不平影响扫描质量的纸质档案应先进行压平等相应技术处理。"字迹退化、纸张皱褶和破损残缺的页面，都直接影响着档案的可读性和可理解性。在进行档案扫描之前，可以采用逐页恢复阻塞化字迹，熨烫纸张皱褶和修复破损残缺页面等技术方法修复档案原件。熨烫纸张皱褶时，熨烫温度不能太高；修复破损的纸张一般的方法是在原来的纸张后面粘上一张白纸。在操作时应注意以下几点：选用的胶水质量要好；粘贴用纸不要太厚，否则将会因纸张太厚而不能扫描；粘贴时要小心，不能损坏原件；对于不能修复的页面，可采用数码翻拍仪对档案进行数字化。

七、前处理登记

在上述工作完成后，认真填写《纸质档案数字化前处理工作单》和《纸质档案数字化流程单》，示例见表 2－2、表 2－3：

表 2－2　纸质档案数字化前处理工作单

全宗号________　　目录号________　　案卷号________

件号	编页起始号	需扫描页数	特殊情况记录	页面修整页号	页面修整完成情况	总体质量检查	备注
档案整理人：				完成时间：			
页面修整人：				完成时间：			
整体质检人：				完成时间：			

表 2－3 纸质档案数字化流程单

全宗号________ 目录号________ 案卷号________

进度	□数字化前处理 □前处理质检 □数据库建立 □目录质检 □档案扫描 □图像处理 □图像质检 □数据挂接 □挂接质检 □数据验收 □装订还原																						
	数字化前处理			前处理质检		数据库建立		目录质检		档案扫描		图像处理		图像质检		数据挂接		挂接质检		数据验收		装订还原	
	整理编页	目录数据准备	技术修复	前处理质检	备注	数据录入	备注	目录质检	备注	档案扫描	备注	图像处理	备注	图像质检	备注	数据挂接	备注	挂接质检	备注	数据验收	备注	装订还原	备注
完成人员																							
完成时间																							

第三章　纸质档案数字化数据采集

第一节　设备选择

一、设备种类

档案扫描应根据纸质档案原件实际情况、数字化目的、数字化规模、计算机网络和存储条件等选择相应的扫描设备，进行相关参数的设置和调整。参数的设置和调整应保证扫描后数字图像清晰、完整、不失真，图像效果最接近档案原貌。

扫描仪是进行纸质档案数字化工作所必需的设备，常用的纸质档案数字化设备有平板扫描仪、高速扫描仪、宽幅扫描仪、零边距扫描仪、数码翻拍仪等。不同的设备有不同的使用范围。

1. 平板扫描仪

该扫描仪的优点是图像扫描清晰，色彩还原逼真。缺点是扫描速度较慢。平板扫描仪适用于纸张状况较差，如纸张过薄、过厚或过软的 A3、A4 的文书档案及照片档案。

2. 高速扫描仪

该扫描仪的优点是扫描速度可达 20～120 页/分钟，并可同时进行双面扫描。缺点是对大幅面的过厚、过软或破碎的档案，在扫描时容易卡纸，造成档案损坏。所以，该扫描仪适用于扫描纸张状况较好的档案，不适宜扫描珍贵、濒危的档案。也可扫描纸张超长的报表、工资单等，最长可扫描 86 厘米的档案。

3. 宽幅扫描仪

该扫描仪的优点是扫描幅面大，扫描分辨率高。扫描幅面最大可达 54 英寸。缺点是扫描速度较慢，且设备价格昂贵。适用于扫描大幅面的 A0 号及 A0 号以下的工程图纸、地图和字画档案。

4. 零边距扫描仪

该设备的外形类似平板扫描仪，由于一侧无边框，由此在扫描时，档案可以不拆卷。缺点是扫描速度较慢，价格也比较昂贵。适用于扫描不宜拆卷的珍贵档案和濒危档案。

5. 数码翻拍仪

它是一种将数码相机安置在可垂直调节高度的支架上，用以拍摄档案的数字化设备。与扫描仪相比，数码翻拍仪具有拍摄精确度高、版面调节灵活、操作简便快速等优点。缺点是当档案幅面过大时图像边缘会变形。它适用面广，尤其是不宜拆卷的档案，如：过厚的精装本档案、珍贵的线装档案和报纸合订本等。

二、综合选择

用于纸质档案数字化工作的设备有多种，在实际工作中应特别注意对档案实体的保护，根据纸质档案的不同选择相应的设备，尽量采用对档案实体破坏性小的扫描设备进行数字化。

（一）根据纸质档案幅面的大小以及可否拆卷选择

1. A3、A4 的文书档案及照片档案可采用平板扫描仪或高速扫描仪。

2. A0 号及 A0 号以下的工程图纸和大幅面档案可采用宽幅扫描仪。

3. 对不能拆卷的精装本、线装本等档案文件可采用零边距扫描仪。

4. 超出所使用扫描仪扫描尺寸的档案可采用更大幅面扫描仪进行扫描，也可以采用小幅面扫描仪分幅扫描后进行图像拼接的方式处理。

（二）根据纸张质量以及现有设备选择

1. 对新中国成立前档案及新中国成立后至 70 年代的档

案，由于其保存年代较长，保存的环境较差，使用的纸张大小不一，整理的要求不完全符合规范，纸张容易破损、脆变，可采用平板扫描仪扫描。

2. 对新中国成立后 80 年代至今的档案由于其保存年代较短，纸张质量较好，档案整理较规范，可采用高速扫描仪扫描。

3. 对工程图纸的扫描，由于其纸张幅面大都为 A0 ~ A2 之间，可采用宽幅扫描仪扫描。宽幅扫描仪一般都自带有消蓝功能，可根据扫描单位的要求设定扫描模式。

4. 对不具备以上全部设备的单位可采用数码翻拍仪，或者缩微拍摄后的胶片数字化转换设备等进行纸质档案的数字化；对只有平板扫描仪的单位也可以采用小幅面扫描后的图像拼接方式处理大幅面的纸质档案。

5. 应遵循相关设备的使用规律进行定期维护、保养。

第二节　参数设置

一、显示器参数

在扫描前使用专用硬件设备交验显示器参数，使之与扫描仪的对应参数保持一致，防止扫描结果在显示器上显示时产生亮度和色彩的偏差。

二、扫描图像类型及色彩模式

1. 扫描图像类型分黑白二值图像和连续色调静态图像。

黑白二值图像是指，扫描的图像只有黑白两级，中间没有过渡层次。它的特点是黑白分明、字迹清晰、文件存储容量较小。适用于字迹、线条质量清晰的文字或图纸档案。

连续色调静态图像是指，扫描的图像有灰度和彩色两种类型。灰度模式是由最暗黑色到最亮白色的不同灰度组成，灰度级，表示图像从亮部到暗部间的层次，也称色阶。灰度级越高，层次越丰富，文件存储容量也越大。灰度模式适用于扫描黑白照片档案。彩色模式中的色彩数，表示颜色范围。色彩数越多图像越鲜艳、真实，文件存储容量也越大。彩色模式适合扫描页面中有红头、红印章的档案或彩色照片档案。需永久或长期保存、向国家档案馆移交的档案，一般应采用彩色模式扫描。

2. 扫描色彩模式包括黑白、灰度、彩色等。

黑白模式是与彩色、灰度相对应的一种模式，黑白图在表示图像时只区分黑白二值，它把其他色彩根据其特性转换为黑白两种，因此形成只有两种颜色的图像。档案文件本身页面为黑白两色，并且字迹清楚，纸张材质较好，不带插图的档案，可采用黑白模式进行扫描。

灰度模式中的灰度值是指进行灰度扫描时把图像由纯黑

到纯白整个色彩区域进行划分的级数，编辑图像时一般都使用到 8 位，即 256 级灰度。档案文件本身页面为黑白两色，但是字迹模糊，纸张材质较差或带有插图的档案，也可采用灰度模式扫描。

档案文件页面中有红头、印章或插有彩色照片、彩色插图、多色彩文字等的档案，应采用彩色模式扫描。

为最大限度保留档案原件信息，便于多种方式的利用，建议全部采用彩色模式进行扫描。

三、扫描分辨率

1. 分辨率是扫描的主要技术指标，其单位为 dpi，即每英寸的像素数。dpi 数值越大，扫描图像越清晰，但文件存储容量也越大。对扫描分辨率的选择，原则上以扫描后的图像清晰、完整、不影响档案图像的使用效果为准。

2. 当采用黑白二值、灰度、彩色几种模式扫描一般档案时，分辨率建议选择大于或等于 200dpi。

3. 遇文字偏小、偏密、清晰度较差，可适当提高分辨率，建议扫描分辨率不小于 300dpi。

4. 有仿真复制、印刷出版等其他用途时，可根据需要调整扫描分辨率。需要进行高精度仿真复制的档案，扫描分辨率建议不小于 600dpi；需要进行印刷出版的档案，可结合档案幅面、印刷出版幅面、印刷精度要求等选择合适的分辨率。

四、亮度、对比度和曝光

通过对亮度、对比度和曝光工具的使用，可以改变图像的清晰度。对亮度和对比度来讲，一般是选用默认值。当纸张颜色较暗或发黄时，可以通过调节明亮度值，来增加图像的明亮度，反之，可适当降低明亮度。当纸张的字迹颜色与背景颜色相近时，可以通过调节对比度值来增强扫描影像的反差度。对比度较小的图像，在黑与白之间灰度层次较多，图像显得柔和，如果加大对比度则图像反差就会明显。

曝光工具能增减图像中光线的强度，使图像在处理中显现更多的细节。在实际扫描时，这三个参数都需要同时进行调节，这样才能使图像获得最佳效果。

五、存储格式

（一）长期保存格式

1. 纸质档案数字图像长期保存格式为 TIFF、JPEG 或 JPEG2000 等通用格式，图像压缩率的选择可根据实际应用的需求而定。

2. TIFF 格式通常选用 CCITTG4 压缩类型，其文件扩展名为“TIF”。用 TIFF 格式扫描的优点是经过压缩后影像还原清晰，而且能多页保存，后期图像处理方便。但缺点是

TIFF 格式扫描时占用的存储容量较大。

3. JPEG 格式选用 JPEG 压缩类型，其文件扩展名为"JPG"。用 JPEG 格式扫描的优点是扫描时占用的存储量较小，但缺点是 JPEG 格式经压缩后还原度较差，存储信息会有不定的损失，易使扫描影像产生模糊，而且只能单页保存，造成后期图像处理不便。

（二）利用格式

纸质档案数字图像利用时，也可从网络浏览速度、易操作性、存储空间占用等方面进行综合考虑，将图像转换为 OFD、PDF 等其他格式。

1. PDF 是国际通用的版式文档格式，其文件扩展名为"JPG"。该格式的优点是通用性强，可包含文本、图像、超文本链接、声音和视频等多种信息。一般适用于利用网络系统进行查询的扫描图像文件。

2. OFD 是开放版式文档格式的缩写，其文件扩展名为"OFD"。该格式是我国的一个基础的版式文档格式，于 2016 年发布国家标准（GB/T 33190—2016 电子文件存储与交换格式 版式文档），具有以下特点：格式透明、支持自包含、格式自描述、显示一致性、不绑定软硬件、持续可解析、稳健、支持技术认证机制、易存储、支持目录、支持内容提取、易于按需获取内容、支持扩展、内容覆盖全面等。

六、压缩率

压缩率只在对扫描图像进行有损压缩存储时有效。数值越大，文件存储空间越大，图像质量越好；反之，文件存储空间越小，图像质量越差。因此，存储时的压缩率的选择，应以保证图像清晰可读的前提下，尽量减小存储容量为准则。一般档案扫描时的压缩率设定为90% ~100%。

第三节　数字化操作

一、设备操作

1. 平板扫描仪的操作

先调整好扫描参数。把需要扫描的纸质档案，轻轻放在扫描仪玻璃板面上，让纸质文件的两边与标尺边缘对齐，再轻轻合上盖板。查看扫描预览效果，若无需调整参数即可启动扫描，扫描仪就会自动地将图像扫描到图像编辑软件中，按设置好的文件格式进行存储。

2. 高速扫描仪的操作

调整好参数后，把需要扫描的纸质档案放在扫描仪进纸夹上，按“扫描”键，先扫一张。当查看扫描效果质量良好时，就开始批量进行扫描，如果质量有问题，要及时调整好参数进行再试。

3. 宽幅扫描仪的操作

先调整好扫描参数，调整好参数后，把需要扫描的纸质档案放在扫描仪的进纸夹上，并按“扫描”键进行扫描，由于扫描档案的幅面大，扫描时应用双手抚住纸面，以避免在进纸时造成档案的褶皱，损坏档案。

4. 零边距扫描仪的操作

先调整好参数，把需要扫描的纸质档案放在扫描仪边框上，接着按“扫描”键执行扫描操作。

5. 数码翻拍仪的操作

先设置扫描参数，调整好参数后，把需要翻拍的纸质档案，放在翻拍仪的边框上，按“翻拍”按钮执行翻拍。接着按“扫描”键，先扫一张，查看效果，如果效果良好，就可以开始正式扫描。

二、图像命名

“扫描”操作完成后，接下来为图像文件命名就可以按设置好的文件格式进行存储。在为图像文件命名时应当注意以下几点：

1. 纸质档案目录数据库中的每一份文件，都有一个与之相对应的唯一档号，以该档号为这份文件扫描后的图像文件命名，命名方式的选择应确保图像文件的唯一性。

2. 建议将数字图像存储为单页文件，并按档号与图像流水号的组合对图像命名。

3. 数字图像确需存储为多页文件时，可采用该档案的档号对图像命名。

4. 应科学建立纸质档案数字图像的存储路径，保证图像的文件名与目录数据库中档号建立起一一对应的关系，为实现目录数据库与纸质档案数字图像的批量挂接提供条件。

三、登记备案

1. 填写数字化操作情况登记表

纸质档案数字化操作完成后要填写《纸质档案数字化工作单》，登记扫描的页数，标明是否有分幅扫描、有需裱糊的档案等情况。核对每份文件的实际扫描页数与文件整理时填写的页数是否一致。不一致时，应注明具体原因和处理方法等。

《纸质档案数字化工作单》示例见表 3－1。

2. 大幅原件的备案

由于大幅原件的扫描件都是从档案文件中单独抽出，因此要对每一张大幅原件逐一登记、备案，以便扫描后原件归还原处进行装订。扫描后的影像经图像处理后插入到正确的位置。

表3－1　纸质档案数字化工作单

全宗号________　目录号________　案卷号________

件号	数字化页数	特殊情况记录	总体质量检查	备　注
操作人：			完成时间：	
整体质检人：			完成时间：	

第四章　纸质档案数字化数据处理

第一节　图像处理

将扫描图像与档案原件进行对照，如图像模糊，应当重扫。对有偏斜等问题的图像，应采用计算机自动处理或人工处理方式进行优化。

一、纠偏

对出现偏斜（如图像倾斜度大于 1 度）的图像应进行纠偏处理（也可批量纠偏），以达到视觉上基本不感觉偏斜为准。

对方向不正确、不符合阅读习惯的数字图像应进行旋转还原。如：出现图像倒置、反转等应进行 90 度或 180 度旋转还原，以符合阅读习惯。

二、去污

对图像页面中出现影响图像质量的杂质，如在扫描过程中产生的黑点、黑线、黑框、黑边等应进行去污处理，以底色填充。对原件边上有遮字的图像要放出白边。在处理过程中，应遵循展现档案原貌的原则，处理过程中不得去除档案页面原有的纸张褪变斑点、水渍、污点、装订孔等痕迹。

三、图像拼接

对大幅面纸质档案进行分幅扫描时，相邻图像之间应留有足够的重叠，并且建议采用标板、标尺等方式明确说明分幅方法、起止页、原件大小等信息；分幅扫描形成的多幅数字图像，后期可通过应用 Photoshop 等软件自动拼接的方式进行拼接处理，合并为一个完整的图像。一般情况下相邻图像之间应留有 100mm 的重叠，以保证纸质档案数字图像的完整性，拼接时应确保拼接处平滑地融合，拼接后整幅图像无明显拼接痕迹。

四、裁边处理

采用白色做底色的彩色模式扫描的图像，应进行拉框或裁边处理，去除多余的白边，以有效缩小图像文件的容量，节省存储空间。

如需对数字图像进行裁边处理，应在距页边最外沿至少2至3毫米处裁剪图像。

五、图像优化

对字迹褪变的文件，在扫描后应该采用图像处理技术，调整亮度和对比度，使字迹变得清晰。

六、OCR

扫描后形成的图像文件，虽然能保持纸质档案的内容和版面原貌，但是不便于编辑修改和全文检索。为此，如有需要，可采用OCR技术进行字符识别，将以图像方式表达的文字信息，转换成以字符方式表达的文字信息。

第二节 图像质量检查

一、质检

扫描完毕后应及时进行图像数据质量检查，发现图像不符合质量要求时，应重新进行处理。发现扫描、格式转换有问题时，应及时整改。对扫描或转换后图像质量不理想的，应对相应参数进行调整，如亮度、对比度、饱和度、色阶、色彩平衡等，调整所选择的参数类型和数值，以调整后的图像不失真、效果最清晰完整为准。

质量检查，一共包括以下几个内容：

1. 页数检查

页数检查是指，将扫描图像文件与档案原件的页号、页数进行对比，当发现扫描图像文件的排列顺序，与档案原件不一致时，要及时进行调整，发现扫描图像文件有漏页时要重新进行补扫，发现重复和空白图像文件时要及时进行删除。

2. 命名检查

命名检查是指检查扫描图像文件是否按照规范要求进行命名，发现命名有误要予以改正。

3. 一致性检查

一致性检查是指检查扫描图像文件与原件是否一致，字迹是否清晰，图像是否有多余的黑点、黑线、黑框和黑边等，对于漏扫、重扫、多扫等情况，应及时改正。如发现不符应退回图像处理流程重新进行处理。

4. 偏斜度检查

偏斜度检查是指检查扫描图像文件是否有偏斜，如有偏斜应立即进行纠偏。

5. 清晰度检查

清晰度检查是指检查扫描图像文件是否清晰，因人为造成的图像模糊现象应该重新扫描或进行图像处理。

6. 目录对照检查

这项检查是指将档案的电子目录与纸质档案目录，进行逐一对照检查，如发现不符，应重新扫描或进行人工录入。

7. 填写检查记录表

填写检查记录表是指详细记录检查的结果和处理意见，并及时注明质检人员的名单和检查日期。

二、检查记录

质量检查完毕后应及时、认真填写相关质量检查记录表，详细记录质量检查的结果和处理意见，以便于日后查询。

《数字图像处理工作单》示例见表4－1：

表4-1　数字图像处理工作单

全宗号________　　目录号________　　案卷号________

件号	图像处理 完成情况	图像处理 特殊情况记录	总体质量检查	备　注
图像处理人： 整体质检人：			完成时间： 完成时间：	

第五章　纸质档案数字化数据存储

第一节　存储格式的选择

纸质档案数字化成果，包括有档案内容数据和档案目录数据两大类。档案内容数据的存储容量大，是非结构化的数据。而档案目录数据，是存储容量相对较小，但信息的增加、删减、改动次数较频繁的文件。

内容数据存储格式的选择，应该从保真性强、兼容性好、存储容量小这几个方面进行综合考量，纸质档案数字图像长期保存格式为 TIFF、JPEG 或 JPEG2000 等通用格式。纸质档案数字图像利用时，也可从网络浏览速度、易操作性、存储空间占用等方面进行综合考虑，将图像转换为 OFD、PDF 等其他格式。正常情况下多选择 TIF、JPEG、PDF 和 OFD 四种文件格式进行保存。

第二节 文件存储的组织

文件存储应将一卷或一件档案中的单页图像文件紧密地组合在一起。利用文件夹组织方式，可以将多页图像文件存储在以该档号命名的文件夹中，也可以将单页图像文件合并为多页图像文件。

以 ACDSee 软件为例，将单页的 TIFF 文件合并为多页 TIFF 文件过程的具体操作是：

先点击桌面上 ACDSee 快捷图标，进入主页面，在浏览区中选中需要合并的所有单页 TIFF 文件。

点击鼠标右键，在弹出的快捷菜单中，选择【工具】-【转换文件格式】。在【批量转换文件格式】对话框中，选择【TIFF 标记图像文件格式】，点击【下一步】，选择文件保存的路径，再点击【下一步】，在新弹出的对话框中，选择左侧“输入”框内的【所有页面】选项，再选择右侧“输出”框内的【合并】选项。

框内的【分割】选项，是指将多页 TIFF 文件拆分为单页的 TIFF 文件，这时点击【开始转换】按钮，前面操作中，已选择了【将修改后的文件放入源文件夹】选项，所以，这时会出现“覆盖”对话框，此时按“是”按钮，原来的第一个单页 TIFF 已经转换为多页 TIFF 文件了。

用同样的操作方法，也可以将 JPEG 文件，或 TIFF 和 JPEG 两种文件，合并为一个多页的 TIFF 文件。

第三节 目录数据库建立

一、制定数据规范

档案的最小单位是文件的件（页）数，建立文件级目录数据库是一项基础性工作，建立完整、准确的文件级目录数据库，可以有效地利用计算机实现档案以件（页）为基本单位的管理，提高档案的查全率、查准率。一个高质量的数据库中的数字信息至少要达到四项质量标准，即数据的准确性，数据项目和内容的完整性，数据的规范性和数据的稳定性。为此，应首先制定目录数据库数据规范，包括数据字段长度、字段类型、字段内容要求（值域）等。目录数据库数据规范的制定应符合《档案著录规则》（DA/T 18）对档案著录的要求。在纸质档案目录准备与目录数据库建设工作中均应严格遵守。

二、数据库格式选择

选择数据库时应考虑建立在计算机环境下，能够有效、准确、完整、安全，并可以上网利用的格式，且此格式可转换为通用数据格式，以便于数据交换。如：在目录建库时可以选择能直接或间接通过 XML 文件格式进行数据交换的数据库类型。

三、设计库结构

科学合理地设计数据库结构应包括确定档案目录的著录项、必输项和选输项、字段类型、长度和值域范围等内容。数据库结构的设计还应特别注意保持档案的内在联系，有利于纸质档案数字化成果的管理和利用。

四、档案著录

档案保管机构的档案来自各个立档单位，档案目录等检索工具是由文档等人员在档案管理规范标准指导下形成的。但是，由于文档人员变动频繁、档案业务指导面多线长，加之个别文件形成时的先天不足或是档案整理工作的缺失给档案著录带来诸多问题。因此，在进行目录数据录入前，如确有必要，可以结合实际抛开原有的纸质档案案卷目录、文件目录，依据整理纠正后的档案实体，按照《档案著录规则》的要求据实著录，把题名不反映主题、目录与实体不符等一系列问题一并处理。

五、数据录入

按照档案著录的结果进行文件目录及案卷目录数据的规范输入。此外，还应将纸质档案数字化前处理工作中对纸质档案目录进行修改、补充的备注结果一并录入数据库，形成准确、完整的目录数据。

目录数据的规范录入应满足四方面需要：一是准确，各著录项数据输入准确，符合档案著录要求。可以采用单机或双机录入目录数据，通过人工校对或软件自动校对录入结果，以确保目录数据录入的准确性。为有效降低出错率，推荐采用双机录入的方法提高数据质量。二是完整，文件题名、责任者、时间等必输项无遗漏，并能够满足档案检索的需要。三是档案出库、前处理、扫描等数字化加工阶段利用的字段无遗漏。四是数据录入、校对、质检、验收、交接等标明责任的字段自动生成。

六、检查数据质量

采用计算机自动校对与人工校对相结合的方式，对目录数据的质量进行检查，包括著录项目的完整性、著录内容的规范性和准确性等。发现不合格的数据应及时进行修改或重录。

为确保数据录入质量，目录数据的检查可以全宗的一个或多个目录为单元，对条目数量及其著录项内容的准确性进行逐条、逐项检查。

能够采用计算机自动检验的项目应采用计算机自动检验的方式进行100%检验，检验合格率应为100%。对于无法用计算机自动检验的项目，可根据情况以件或卷为单位采用抽检的方式进行人工检验。

检查完成后，填写《数据录入工作单》，示例见表5-1：

表5-1　数据录入工作单

全宗号________　　目录号________

卷号	起止件号	特殊情况记录	总体质量检查	备　注
数据录入人：			完成时间：	
整体质检人：			完成时间：	

第四节　数据挂接

一、数据挂接的含义及作用

数据挂接是将经过质检的纸质档案数字图像，挂接到档案目录数据库中去，实现目录数据与数字图像的关联，以便于利用者通过档案目录数据库直接调阅档案全文。数据挂接应借助相关软件。挂接后应逐条检查挂接结果的准确性。

档案数字化过程中形成的目录数据库与数字图像，通过质检环节确认为“合格”后，及时加载到数据服务器端汇总。通过编制程序或借助相应软件，实现目录数据对相关联的数字图像的自动搜索、加入对应的电子地址信息等，实现批量、快速挂接。

在数据挂接时应逐条对挂接结果进行检查，包括目录数据与纸质档案数字图像对应的准确性、已挂接数字图像与实际扫描数量的一致性、数字图像是否能正常打开等，发现错误及时进行纠正。

二、数字图像的调阅形式

数字图像的调阅形式有两种：单机调阅及网络远程

调阅。

1. 单机调阅

规模相对较小且工作人员较集中的档案保管机构可采取这种快捷调阅方式。挂接完成的数据可以形成单个的数据库文件，我们可以在调阅的计算机上安装相应的调阅软件对数据进行单机调阅查询，可以根据需求对电子数据进行复制，保证每一台设备都可以进行电子数据的调阅查询。这种调阅方式的优点是调阅速度快，数据只在小范围内流动，安全性及保密性较高等特点，但是无法满足多人、同时、远程和异地利用。

2. 网络远程调阅

网络远程调阅是针对调阅者人数较多、分布较广，相同电子数据利用频率较高的一种大规模、多用户、远程集中查阅的调阅方式。将挂接生成的数据文件导入到网络数据库服务器中，调阅者就可以利用网络进行远程调阅。这种调阅必须赋予调阅者以读取权限，单个调阅者就可以通过本地计算机进行远程联网调阅。这种调阅方式可以实现远程访问，便于数据的更新，易于集中管理，但同时也必须加强网络信息系统的安全防护。

第六章　纸质档案数字化后处理

第一节　数字化成果验收

一、验收方式

根据纸质档案数字化的组织加工方式，对于档案保管机构内部进行数字化加工的，建议档案部门成立专门的验收组对纸质档案数字化成果进行验收，并采用计算机自动检验与人工检验相结合的方式对纸质档案数字化成果进行验收检验；对于外包或部分外包加工的应进行承建方、业主方及监理方三方检验。

（一）承建方检验

数据挂接是整个档案数字化加工过程中非常重要的一步，是对整个数字化工作的成果归纳，数据挂接的质量好坏直接关系着数字化整体质量的高低。为了防止人为出错，合并挂接一般都采用针对单个项目专门开发的专业挂接软件进行批量处理，挂接后的数据要再次用专业检查软件进行核查，必要时还需要人工抽查，确保挂接的100%正确率，提高电子数据利用的效率和质量。

承建方对挂接后的数据首先要用数据库检查软件全面检查数据结构的完整性及与图像文件的对应关系是否正确，然后再用调阅软件抽查挂接后的数据是否可正常调阅、查询等，发现问题需立刻整改，通过全面细致的检查，确保数据的完整正确，做到数据“能用、不错、不多、不缺”。

（二）业主方及监理方验收

数据的完整是数字化加工的基本要求，业主方、监理方要多方面共同核查，确保验收的数据完全合格。承建方在完成自查后，需要提交成品及简易个性化查询工具给监理方，监理方及业主方按照挂接要求对数据进行抽样检查，达到合格率（如规定的合格率为100%）后给予验收合格，不合格则全部退回承建方整改，再次重新抽检直至达标。

二、验收内容

按照不同的验收方式对纸质档案数字化成果的质量进行抽检和验收，如发现不符合质量要求的，应重新进行加工处理，验收完毕后要及时进行登记。

1. 纸质档案数字化成果包括数字图像、档案目录数据、元数据、数字化工作中产生的工作文件、存储载体等。已进行 OCR 文字识别的，应同时移交 OCR 识别形成的文件，文件的命名方式参照图像文件命名。

2. 应对目录数据进行验收，主要包括数据库中各条目的内容、格式等的准确程度、必填项是否填写等。应确保著录项目与著录内容的完整、准确与规范。同时，要求采用成熟、通用的文件格式，并符合长期保存格式需求。

3. 应对元数据进行验收，主要包括元数据元素的完整性和赋值规范性等。

4. 应对数字图像进行验收，主要包括数字化参数、存储路径、命名的准确性、图像的完整性、排列顺序的准确性、图像质量等符合国家有关规定。

5. 应对数据挂接进行验收，主要包括目录数据与其对应的数字图像的挂接的准确性等。

6. 应对工作文件进行验收，主要包括工作文件的完整性、规范性等。

7. 应对存储载体进行验收，主要包括载体的可用性、有无计算机病毒等。

数字图像、档案目录数据、元数据和 OCR 识别形成的文件必须有机统一，即四者之间必须是有机联系的，目录对应相关数字图像、元数据和 OCR 识别文件，联系四者的纽带就是以档号为基础的命名规则。

三、验收指标

当纸质档案数字化之后，数字化加工部门，可采用在线方式或移动硬盘、光盘等脱机载体，向档案所属单位离线移交数字化成果。若采用离线移交方式的，脱机载体的质量也是数字化成果的验收指标之一。数字化加工部门应确保离线移交载体的质量。数字化成果脱机存储后，应进行质量检查，确保数据的可读性、安全性，应与原始数据进行校验，确保移交数据的准确性、完整性、可读性和安全性。并在移交的载体标签面标注全宗号、光盘编号等索引信息。

以光盘为例，由于光盘是不能用眼睛直接识别内容和判别载体质量好坏的，它必须借助于相应的设备和软件才能进行检查和检验，所以光盘中隐藏的质量问题往往不易被发现。目前已发现的光盘质量问题主要有：内容读不出、已刻录的数据不完整、刻录的光盘未做防写处理（采用全盘一次刻完方式）、数据携带计算机病毒等。导致上述问题的原因是多方面的，如光盘自身质量不好、光盘刻录设备与阅读设备不兼容、刻录机磨损严重、刻录时所用的计算机带病毒、刻录时没有按规定操作、缺少数据校验等。

要确保移交光盘的质量，必须根据光盘刻录的原理，从数据刻录的各个环节上把好关：一是要把住载体和硬件关，购置质量好的光盘，要注意刻录机与光驱的兼容，最好选择同一品牌的刻录机和阅读光驱，刻录机磨损要及时更换。二要配备能够校验刻录数据的软件，并对刻录数据做强制性校验。三是确保刻录用的计算机安全，不能感染计算机病毒。四是对刻录完成的光盘移交入库时必须再次进行质检，查验数据是否可读、完整、准确和安全。

验收单位可以具体进行以下两方面的检查：

1. 光盘内容检查。档案数字化加工软件一般带有自动校验数据是否正确的功能，对每张光盘的内容进行检查，是否具有损坏的数据。

2. 抽样检查。对每张光盘的数字化档案图像文件能否在浏览器中打开进行抽样检查。

能够用计算机自动检验的项目应采用计算机自动检验的方式进行100%检验，检验合格率应为100%。对于无法用计算机自动检验的项目，可根据情况以件或卷为单位采用抽检的方式进行人工检验。抽检比率不得低于5%，对于数据库条目与数字图像内容对应的准确性，抽检合格率也应为100%。

四、验收结论

每批纸质档案数字化成果质量检验达到要求的，予以验收“通过”。验收未通过应视情况进行返工或修改后，重新进行验收。验收完成后须填写《纸质档案数字化验收登记表》，经验收组成员签字。验收“通过”的结论，须经相关方审核、签字后方有效。《纸质档案数字化验收登记表》示例见表6－1：

表6-1 纸质档案数字化验收登记表

批次：　　　　验收人：　　　　验收时间：　　年　月　日

全宗号	总卷数	图像数据						目录数据						元数据				数据挂接					工作文件				载体				验收意见
		图像总数	计算机全检项	全检结果	抽检数	抽检项	抽检结果	条目总数	计算机全检项	全检结果	抽检条目数	抽检项	抽检结果	计算机全检项	全检结果	抽检项	抽检结果	计算机全检项	全检结果	抽检条数	抽检项	抽检结果	总册数	抽检册数	抽检项	抽检结果	载体类型	载体数量	检验项	检验结果	
合计			—	—		—	—		—	—		—	—	—	—	—	—	—	—		—	—			—	—	—		—	—	—

第二节 档案装订与归还入库

一、档案装订还原

纸质档案数字化工作完成后，对拆除过装订物的档案要进行重新装订，恢复档案原貌。重新装订过程中一是要耐心、细致，谨防缺页以及页序颠倒等现象的发生，并对档案原件的完整性做一次检查，做到准确、无遗漏；二是在重新装订过程中要注重档案安全，实施对档案的保护，尽量减少因第二次装订对档案的破坏。具体操作中在可能的情况下，尽可能利用档案上原有的针孔进行重装。三是对严重破损的卷皮、卷盒要重新更换，对由于档案自身的老化或者操作原因而产生的破损，应该给予及时修补，并在修补时注意对其原貌的保护。确有需要的单位，装订人员可将装订好的档案，贴上专用封条并加盖数字化专用章。

二、档案的清点交还

档案数字化加工完毕，要对纸质档案进行清点，并重新装订还原成卷或件。清点无误后交还给档案管理部门，按照档案入库要求履行档案入库手续确保档案的完整性。在工作中由于不细心可能会出现档案丢失以及装订错误等情况的发生，应该及时发现，并采取补救措施。在移交过程中，档案保管机构和数字化加工承包单位双方都应当核对档案数量、质量，确定其是否与交接时双方确认的情况相同，在确认无误的情况下，履行有关交接手续，填写《纸质档案数字化流程单》。

库房工作人员在将档案重新放入库房以前，应该对档案进行必要的处理。如对档案进行消毒、杀虫，以防带入扫描过程中接触到的尘埃、霉菌以及害虫，而对库房中其他档案造成感染和破坏。

第三节　数字化成果移交

验收合格的数字化成果应按照纸质档案数字化工作方案及时移交。移交的数字化成果，应包含三方面内容，即：目录数据、图像数据和 OCR 识别形成的文件，以及数字化工作中产生的工作文档等。数据移交方式有在线移交和离线移交。离线移交一般采取光盘刻录移交或硬盘拷贝移交。采用光盘移交方式的数字化加工部门，可采用一次写入型 DVD 光盘、一式两套（数字化外包合同另有约定的按其约定），向档案所属单位移交数字化成果。在移交载体上须标明数字化档案的起止编号。移交的电子数据必须要保证数据的可读性、准确性及完整性，移交后的数据应按要求导入到指定的数据服务器中。一般数据移交会采用分批次移交方式，这样移交的数据量相对较小，对数据的检查工作也会加快，不易出现数据混乱、移交工作忙乱的现象。

档案保管机构要对业务承包单位移交的纸质档案数字化成果进行验收检查，检验合格后方能接受纸质档案数字化成果，并办理交接手续，由双方签章确认，其中一份由档案保管机构留存，一份由业务承担单位保存。《纸质档案数字化成果移交清单》示例见表6－2：

表6－2　纸质档案数字化成果移交清单

<table>
<tr><td>批　次</td><td colspan="5"></td></tr>
<tr><td>全宗号</td><td colspan="5"></td></tr>
<tr><td>内容描述</td><td colspan="5"></td></tr>
<tr><td>移交数字图像数量(页)</td><td></td><td>移交条目数(条)</td><td></td><td>数字化工作文档(件、册)</td><td></td></tr>
<tr><td>载体起止顺序号</td><td></td><td colspan="2">移交载体类型、规格</td><td colspan="2"></td></tr>
<tr><td rowspan="2">检验内容</td><td colspan="5">单位名称</td></tr>
<tr><td colspan="3">移交单位：</td><td colspan="2">接收单位：</td></tr>
<tr><td>准确性检验</td><td colspan="3"></td><td colspan="2"></td></tr>
<tr><td>完整性检验</td><td colspan="3"></td><td colspan="2"></td></tr>
<tr><td>可用性检验</td><td colspan="3"></td><td colspan="2"></td></tr>
</table>

（续表）

安全性检验		
载体外观检验		
填表人 （签名）	年　月　日	年　月　日
审核人 （签名）	年　月　日	年　月　日
单　位 （印章）	年　月　日	年　月　日

第四节　数字化成果管理

一、数据管理

数字化加工完成后的各项成果要集中起来统一管理，主要分为电子数据管理和加工文档管理，其中以电子数据管理为主。数字化加工最终要得到的是通过验收的电子数据。为确保数据安全，承建方事先应对每一批通过验收的数据进行备份，待所有数据全部通过验收并移交给业主方后，再根据业主要求进行数据存档或存储设备的管理。数据的安全保密管理主要有安全加密、权限控制、日志管理等。

1. 安全加密

安全加密主要分为两种：数据加密及服务器加密。数据加密是对数据库或图像文件进行加密；服务器加密主要是指对存储数据的服务器进行加密，调阅者必须通过密码验证才能访问，另外调阅软件也可以设置登录密码，或配合相应的密钥实现调阅功能。

2. 权限控制

对每一位用户进行身份识别，严格管理电子数据的用户及其权限，监控非授权用户的登录与操作行为，确保只有授权用户才能对数据执行读取、删除、修改等操作，这样可以明确管理和利用的职责和要求，规范操作行为，确保数据安全。

3. 日志管理

系统自动记录每一位访问者的具体信息，比如访问时间、IP、用户名、访问内容等，并形成日志。这样有利于审计每一位访问者的操作行为，万一出现数据泄密也可以准确定位到人，确保信息的安全可控、可追溯。

二、数据备份

经验收合格的完整数据应及时进行数据备份，将数字化成果转存到磁盘、光盘或磁带等载体上，这样可以保证多套备份的异地安全保存，防止硬件损坏及人为操作失误等造成数据损毁等不必要的损失。为保证数据安全，一般采取硬盘、光盘等载体进行数据备份，根据需要还可以进行磁带及胶片打印备份等。备份完毕后，应对存储设备妥善处理，以防档案信息外泄。

1. 硬盘备份

硬盘是数据的主要存储工具，硬盘的使用频率很高，时间久了很可能出现机械故障，比如数据丢失、乱码等情况。所以在以硬盘为备份载体的前提下，一定要进行重要数据的双备份，而且备份数据必须存在不同计算机的不同硬盘中，两块硬盘的生产日期不要隔得太近，防止同批次产品出现相同瑕疵，最好能采取不同厂家生产的相同容量的硬盘进行存储。平时对备份的数据要多留意，发现异常要及时重新备份，发现硬盘损坏要及时更换硬盘，换下的硬盘应进行回收封存，不宜用作其他数据拷贝和使用，做到万无一失，确保备份数据的安全完整。

2. 光盘备份

在以硬盘为主存储介质的情况下，还可以对硬盘数据进行光盘备份，备份光盘可采取档案级的一次性写入型光盘或蓝光光盘，备份多套，重要的数据光盘实施异地保存。刻录前要对待刻录的电子数据进行检查，并将电子数据转换成ISO 映像文件后再刻录，刻录完成后要对刻录的光盘进行数据验证，确保刻录的内容正确无缺损。

纸质档案数字化成果主要由数字图像所组成，与电子档案相比，数字图像的文件格式相对统一，结构简单，背景信息和元数据也较少，因此，受计算机系统环境制约因素也较小，比较适宜脱机保存。脱机保存的载体有多种，发展迅速，产品成熟，应用普及，成本急剧下降，对于数字图像存储而言也是一种选择。

3. 胶片打印备份

在以硬盘为主存储介质的情况下，对硬盘数据进行胶片打印备份，胶片的存储年限为500年，相对较长，所以有条件的还可以考虑对电子数据进行胶片打印备份。胶片打印后要有特定的保存环境，保持恒温、恒湿、无尘、无静电，确保胶片不粘连，胶体不出现化胶等老化现象，发现有老化的胶片要及时撤除，并将附近的胶片也一并重新打印。

纸质档案数字化过程中形成的数字图像、档案目录数据、元数据等等，这些是整个数字化的核心成果，对这些成果的维护尤为重要。

三、软硬件系统维护

在信息化日益发展的现代社会中，计算机已经是工作、生活不可或缺的一部分，随着计算机技术的发展，各种针对计算机系统的攻击也随之增加，管理电子数据的计算机软硬件在日常生活中损坏的几率也随之加大。对于存储着数字化电子数据的主机存储等硬件设备，我们一定要采取各种措施保证其正常运转。通常采取的措施有：服务器要配备后备电源，防止因断电造成的冷关机导致数据丢失；服务器要安置在恒温恒湿、通风良好的无尘环境中，平时尽量减少硬件的搬运及振动；确保不在开机状态下移动设备，硬盘数据要进行双机热备；对接入网络的服务器要安装企业级防火墙及专业杀毒软件，防止黑客及间谍软件的攻击；防病毒软件的病毒库应处于最新状态。服务器的外壳上要安装电子锁或指纹识别锁，确保只有特定的人才能打开外盖操作服务器；服务器存放环境要做好防火防潮工作，实时监控、防范各种安全隐患。系统软硬件管理还应参照国家有关计算机信息系统保密管理和信息安全等级保护管理的相关规定执行。

四、加工文档管理

数字化加工过程中生成的表单如：工作流程单、移交确认单、现场每日记录单、工作周报等，在数字化工作完成后要统一回收，按照档号、日期、批次等标准整理成册，以便日后查阅。采取外包方式实施时，还应收集项目招标文件、投标文件、中标通知书、项目合同、保密协议等文档。数字化文档的管理同样重要，这些原始的文档为以后的查询提供了最直接的信息，文档管理主要分为收集、归类、存档等。

1. 收集

作为管理人员，对数字化加工过程中产生的所有文档都有义务进行收集，特别是加工涉密档案时更应该做好这项工作。文档的遗漏不仅不能保持数字化工作的完整性，更有可能造成泄密。

2. 归类

因收集的文档会出现很多类，比如数字化加工的流程单、数据移交签收单、数据验收单等，这就要求收集人员对收集的文档进行分类保存，比如按时间先后顺序存放等。涉密文档要单独放置，区别管理，确保无关人员无法接触到核心文档，防止泄密。

3. 存档

归类后要按规范要求将文档整理、装订成册，封皮上要注明本册文档的简介内容，方便日后的查找。装订好后的文档要按类排放整齐，建议统一放置到加工全宗的全宗卷后。

数字化成果的形成和积累需要投入大量人力、物力，所以应该加强对数字化成果的合理保护，保证其长期可读、可用、不被未经授权人员利用，维护国家档案信息资源的完整与安全。